Filme sehen lernen

Filme sehen lernen
Grundlagen der Filmästhetik

Konzept, Skript und Projektleitung
Rüdiger Steinmetz

DVD-Entwicklung
Kai Steinmann, Sebastian Uhlig, René Blümel

Sprecher
Henrik Wöhler

Zweitausendeins

Originalausgabe
1. Auflage, Februar 2005.
2. Auflage, April 2005.

Copyright © Zweitausendeins, Postfach, D-60381 Frankfurt am Main
www.Zweitausendeins.de

Alle Rechte vorbehalten, insbesondere das Recht der mechanischen, elektronischen
oder fotografischen Vervielfältigung, der Einspeicherung und Verarbeitung
in elektronischen Systemen, des Nachdrucks in Zeitschriften oder Zeitungen,
des öffentlichen Vortrags, der Verfilmung oder Dramatisierung,
der Übertragung durch Rundfunk, Fernsehen oder Video, auch einzelner Textteile.
Der *gewerbliche* Weiterverkauf und der *gewerbliche* Verleih von Büchern, CDs,
CD-ROMs, DVDs, Videos, Downloads, Streamings oder anderer Sachen
aus der Zweitausendeins-Produktion bedürfen in jedem Fall der schriftlichen
Genehmigung durch die Geschäftsleitung vom Zweitausendeins Versand
in Frankfurt am Main.

DVD-Programmierung: VERSATIL GbR.
Publikationskoordination: Martin Weinmann.
Lektorat: Katharina Theml und Martin Weinmann (Büro W, Wiesbaden).
Design der DVD-Oberfläche: Christine Holzmann.
Umschlag: (unter Verwendung des Bildschirmdesigns
von Christine Holzmann) Johannes Paus.
Satz und Herstellung: Dieter Kohler GmbH, Nördlingen.
Druck: Missionsdruckerei Mariannhill, Reimlingen.
Einband: G. Lachenmaier, Reutlingen.

Nutzungsrechte: Mit dem Kauf erwirbt der Kunde das Recht,
die ihm gelieferte DVD auf einem beliebigen Heim-DVD-Player
oder Rechner zu nutzen, der für diese Zwecke geeignet ist.
Er erwirbt das nicht ausschließliche und nicht übertragbare Recht
nur an der Nutzung, die im vorliegenden Handbuch beschrieben wird.
Alle darüber hinausgehenden Nutzungsrechte bleiben bei
den Inhabern der Schutz- und Urheberrechte. Der Kunde verpflichtet
sich, das Programm nur für eigene Zwecke zu nutzen und
es Dritten weder unentgeltlich noch gegen Entgelt zu überlassen.

Haftung: Für durch den Einsatz der gelieferten DVD an anderer Software
und Datenträgern sowie der Datenverarbeitungsanlage des Kunden
entstandene Schäden wird nur gehaftet, wenn der schadensursächliche Mangel
an der gelieferten Software von einem gesetzlichen Vertreter oder
Erfüllungsgehilfen von Zweitausendeins vorsätzlich oder grob fahrlässig
verursacht worden ist.

Die Programme sind nach dem Stand der Technik sorgfältig entwickelt
worden. Da Fehler sich jedoch nie gänzlich ausschließen lassen,
kann für das fehlerfreie Arbeiten sowie die Einsetzbarkeit auf unterschiedlichen
Rechnertypen, Gerätekonfigurationen und Plattformen keine Gewähr
übernommen werden.

Filme sehen lernen. Grundlagen der Filmästhetik gibt es nur bei Zweitausendeins,
Postfach, D-60381 Frankfurt/M, Telefon 069-420 8000, Fax 069-415 003.
Internet: www.Zweitausendeins.de E-Mail: service@Zweitausendeins.de.
Oder in den Zweitausendeins-Läden in Berlin, Düsseldorf, Essen,
Frankfurt am Main, Freiburg, 2× in Hamburg, in Hannover, Köln, Mannheim,
München, Nürnberg, Stuttgart.

In der Schweiz über buch 2000, Postfach 89, CH-8910 Affoltern a. A.

ISBN 3-86150-637-8

Inhalt

7   Wie Sie die DVD bedienen
MANUAL

14   Wie die DVD aufgebaut ist
SITEMAP

16   Was Sie auf der DVD lernen
KOMPENDIUM

46   Über die Autoren

Herausgegeben bei Zweitausendeins von Martin Weinmann

Hinweis: Die auf der DVD zitierten Filmsequenzen werden vorzugsweise in ihrer Originalfassung gezeigt. Von einigen Filmen aus der frühen Filmgeschichte existieren mehrere Rekonstruktionen mit unterschiedlichen Musikfassungen und Untertitelungen. Die Entscheidung für eine bestimmte Version bedeutet nicht, dass diese dem ursprünglichen Original am nächsten kommt.

Wie Sie die DVD bedienen
MANUAL

Zum Abspielen von *Filme sehen lernen* benötigen Sie einen DVD-Player mit angeschlossenem Fernsehgerät und Fernbedienung.

Abspielgeräte

Sofern Ihr Computer über ein DVD-ROM-Laufwerk und eine DVD-Abspiel-Software verfügt, können Sie auch an Ihrem Computer *Filme sehen lernen*.

Weitere Software zu installieren ist nicht notwendig, da es sich bei dieser DVD um eine DVD-Video handelt.

Nachdem Sie die DVD in Ihren DVD-Spieler oder Ihren Computer eingelegt und gestartet haben, erscheint die Startseite mit einem Überblick über die vorhandenen Module.

Aufbau

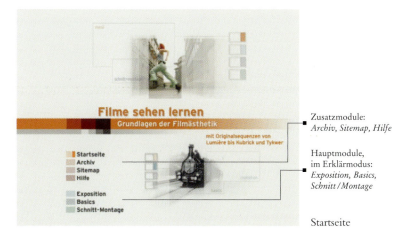

Zusatzmodule:
Archiv, Sitemap, Hilfe

Hauptmodule,
im Erklärmodus:
*Exposition, Basics,
Schnitt / Montage*

Startseite

Durch die drei Hauptmodule von *Filme sehen lernen* werden Sie im Erklärmodus geführt.

Hauptmodule

Neben den Hauptmodulen gibt es drei Zusatzmodule. In den Zusatzmodulen können Sie alle verwendeten und zitierten Beispiele nachschlagen und sich über den Aufbau des Lehrwerks und die technische Bedienung informieren.

Die **Exposition** gibt eine kurze Einführung in die Frühzeit des Films und Grundprobleme der Film- und Fernsehästhetik (Gesamtlaufzeit: ca. 5').

Die **Basics** führen in die Grundlagen der Film- und Fernsehästhetik ein. Schwerpunkte sind die Themen *Einstellungsgrößen* und *Kamera als Erzähler* (Gesamtlaufzeit: ca. 50').

Das Modul **Schnitt/Montage** enthält eine Einführung in die grundlegenden Schnitttechniken und Montagekonzepte des Films (Gesamtlaufzeit: ca. 1h 20').

Zusatzmodule Das **Archiv** bietet Ihnen die Möglichkeit, jedes im Lehrteil verwendete Filmzitat gesondert zu sichten. Dort finden Sie auch die filmografischen Nachweise.

Die **Sitemap** bietet Ihnen einen schnellen Überblick über alle Bereiche dieser DVD. Von hier aus können Sie auch gezielt in jedes der drei Hauptmodule im Erklärmodus springen.

In der **Hilfe** finden Sie eine Bedienungsanleitung, die Sie aufschlagen können, während Sie das Programm durcharbeiten.

Navigation An jeder Stelle, in jedem Modul der DVD, steht Ihnen die Hauptnavigationsleiste zur Verfügung.

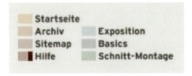

Hauptnavigationsleiste

Über die Navigationsleiste können Sie jederzeit in jedes andere Modul der DVD wechseln. Das Modul, in dem Sie sich momentan befinden, wird in der Navigationsleiste durch einen schmalen farbigen Balken rechts im Feld vor dem betreffenden Modulnamen gekennzeichnet.

Auswahltaste in der Mitte der Cursortasten auf der Fernbedienung Ihres DVD-Players

Cursortasten der Fernbedienung

Um in ein anderes Modul zu gelangen, benutzen Sie die Cursortasten Ihrer Fernbedienung oder die Maus Ihres Computers. Auf welches Modul Ihr jeweiliges Navigationsinstrument zeigt, macht ein farbiges Quadrat links im Feld vor dem betreffenden Modulnamen kenntlich. Um auf das gezeigte Modul zu gelangen, drücken Sie auf Ihrer Fernbedienung die Auswahltaste (»Eingabe«) beziehungsweise klicken mit der Computermaus auf das gewünschte Modul.

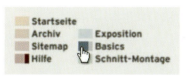

Ein größerer farbiger Balken zeigt Ihre aktuelle Anwahl an.

Anwahl auf der Hauptnavigationsleiste

Die Module **Exposition, Basics** und **Schnitt/Montage** sind aus linear ablaufenden Sequenzen aufgebaut. Sie arbeiten das gesamte Kapitel inklusive aller Unterkapitel nacheinander durch, und während Ihnen immer wieder Beispiele gezeigt werden, hören und lesen Sie die entsprechenden Erläuterungen.

Im Erklärungsmodus zeigt der Bildschirm durchgehend im oberen Bereich Filmzitate und Grafiken, die meist von Texterläuterungen und Begriffsbestimmungen flankiert werden.

Im unteren Bildschirmbereich finden sich die Navigationsinstrumente: Links die Hauptnavigationsleiste, in der Sie alle auf der DVD vorhandenen Module anwählen können; rechts die Kapitelnavigation, die sich dynamisch der erreichten Position im Modul anpasst.

zusätzliche
Informationen
zu Themen
und Begriffen

Filmzitate
und Grafiken

dynamische
Kapitel-
navigation

Haupt-
navigation

Bildschirm im
Erklärmodus

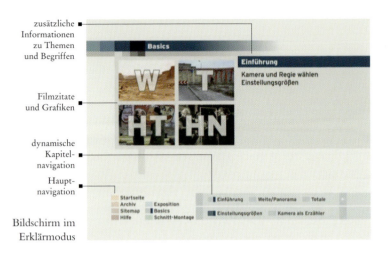

Erklärmodus Im Erklärmodus können Sie den Ablauf jederzeit unterbrechen. Dazu genügt es, auf der Fernbedienung die Pausetaste oder in Ihrem Computerprogramm den Stoppbutton zu drücken. Das Programm wird fortgesetzt, indem Sie die Wiedergabe-Taste betätigen.

entweder:
direkte Anwahl des
gewünschten Kapitels

oder:
Vorblättern in der
Kapitelnavigation

Kapitelnavigation

Darüber hinaus können Sie aber auch vor- und zurückspringen, Passagen wiederholen oder überspringen. Zum Vor- und Zurückblättern benützen Sie die Kapitelnavigation und gehen mit dem Cursor auf den Navigationspunkt des gewünschten Kapitels oder auf die Vorwärts-Rückwärts-Pfeile. Die Erläuterungen im Erklärmodus sind in argumentative Schrittstufen zerlegt, auf denen Sie in dem Ihnen gemäßen Tempo vor- und zurückgehen können.

Kapitelsprung-
tasten zum An-
wählen der logi-
schen Abschnitte

Sollten Sie gezielt nach einem bestimmten Kapitel suchen, ist es am einfachsten, Sie benutzen die Sitemap. Hier haben Sie eine Übersicht über alle Module, Kapitel und Unterkapitel und können direkt in den von Ihnen gewünschten Kontext oder Bereich springen.

Sitemap

Sitemap

Zur gezielten Sichtung der im **Archiv** abgelegten Filmzitate wählen Sie den Navigationspunkt »Archiv« auf der Hauptnavigationsleiste aus. Es erscheint eine der beiden Indexseiten mit einer alphabetisch geordneten Liste der zitierten Regisseure. Wählen Sie den Namen des Regisseurs, zu dem Sie die Filmzitate sichten möchten. Um zwischen den beiden Indexseiten zu blättern, wählen Sie »B–L« beziehungsweise »M–Z« rechts unten auf dem Index-Bildschirm.

Archiv

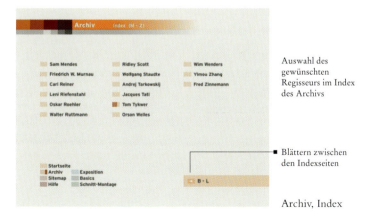

Auswahl des gewünschten Regisseurs im Index des Archivs

Blättern zwischen den Indexseiten

Archiv, Index

11

Wenn Sie das betreffende Feld des von Ihnen gewählten Regisseurs aktiviert haben, öffnet sich eine Unterseite mit vier anwählbaren Filmzitaten. Durch Aktivieren des größeren, oberen Pfeils veranlassen Sie, dass das betreffende Filmzitat abgespielt wird. Über den kleineren, unteren Pfeil gelangen Sie in die laufende Lektion an die Stelle, wo die betreffende Bildsequenz erklärt und erläutert wird.

Sie haben außerdem die Möglichkeit, in den Unterseiten des Archivs zu blättern beziehungsweise zum Index zurückzuspringen. Nutzen Sie dazu die Navigationsleiste unten rechts auf dem Bildschirm.

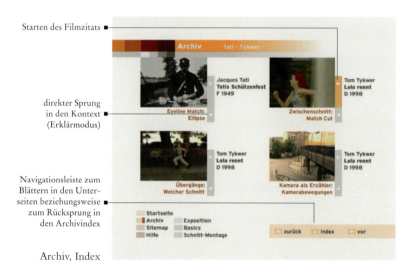

Starten des Filmzitats

direkter Sprung in den Kontext (Erklärmodus)

Navigationsleiste zum Blättern in den Unterseiten beziehungsweise zum Rücksprung in den Archivindex

Archiv, Index

Filmzitate aus dem Archiv werden auf einem eigenen Wiedergabebildschirm abgespielt. Nach Ablauf der Bildsequenz werden Sie an den Ausgangspunkt zurückgeführt, an dem Sie Ihre Auswahl getroffen haben. Sie können aber auch jederzeit die Wiedergabe abbrechen und an den letzten Punkt Ihrer Auswahl zurückspringen, indem Sie auf den Navigationspunkt »Archiv« gehen oder – über den kleinen Pfeil am unteren Rand des Bildschirms – in den Kontext des Filmzitats im Erklärmodus springen.

Rücksprung
in die Archivauswahl

direkter Sprung in den
Kontext (Erklärmodus)

Archiv, Wiedergabe des Filmzitats

Wie diese DVD aufgebaut ist
S I T E M A P

Exposition

Basics

Einstellungsgrößen

Einführung

Weite / Panoramaeinstellung

Totale

Halbtotale

Halbnahe

Amerikanische

Nahe

Großeinstellung

Detail

Kamera als Erzähler

Einführung

Erzählhaltungen

Statische Kamera

Kamerabewegungen

Kamerafahrt

Handkamera

Zoom, Transfocator

Perspektiven

Schnitt/Montage

Einführung

Eyeline Match
 Blickachsenanschluss
 Shot Reverse Shot (SRS)
 Reaction Shot
 Ellipse

Übergänge
 Harter Schnitt
 Weicher Schnitt
 Unsichtbarer Schnitt
 Blenden
 Auf- und Abblenden
 Überblendungen
 Trickblenden

Zwischenschnitt
 Einführung
 Cut Away
 Insert
 Continuity Shot
 Cut In / Heransprung
 Cut Out / Rücksprung
 Match Cut

Jump Cut

Assoziations- und Kontrastmontage

Cross Cutting, Parallelmontage
 Einführung
 Cross Cutting
 Parallelmontage
 Schachtelmontage

Plansequenz, Mise en Scène
 Einführung
 Plansequenz
 Mise en Scène

Achsensprung
 Einführung
 180°-Regel
 Handlungsachse

Was Sie auf der DVD lernen
KOMPENDIUM

Überblick Blenden – Caméra stylo – Diegese – Direct Cinema, Cinéma Vérité – Direktton, Synchronton – »Einer«, »Zweier«, »Dreier« Einstellung – Einstellungsgröße – Ellipse – Erzählhaltungen der Kamera – Eyeline Match – Filmanalyse – Geblimpte Kamera – Informationsvergabe – Kadrage – Kamerabewegungen – Kameraperspektiven – Kontinuitätssystem – Living Camera – Mac Guffin – Mimesis – Mise en Scène – Montage – Narration – Off – On – Originalton – Overshoulder – Plansequenz – Plot – Reaction Shot – Schnitt/Montage – Schuss-Gegenschuss-Verfahren – Sequenz – Spannung – Statische Kamera – Steadicam – Story – Subjektive Einstellung – Suspense – Szene – Tiefenschärfe – Übergänge – Zoom

Atmo → Originalton

Schnitt/Montage
Übergänge
Blenden

Blenden, weiche Übergänge zwischen Einstellungen. Blenden wurden ursprünglich während der Aufnahme in oder vor der Kamera erzeugt, heute werden sie im Kopierprozess beziehungsweise bei der elektronischen Montage im Mischer oder Composer des Schnittprogramms eingefügt.

Klassisch ist das **Auf-** oder **Abblenden** aus/in Schwarz oder Weiß. Dazu wurden meist Irisblenden benutzt, die sich vor der Optik der Kamera befanden.

Blenden dienen der Interpunktion und setzen Zäsuren zwischen Sequenzen. Sie signalisieren: »Hier beginnt oder hier endet ein Raum-Zeit-Kontinuum.« Dass **Überblendungen** als Bindeglieder zwischen räumlich oder zeitlich auseinanderliegenden Einstellungen und Sequenzen dienen können, beruht auf einer Konvention, einer stillschweigenden Übereinkunft zwischen Regisseur und Publikum. Diese Konvention ist weitgehend abgestorben; seit von elektronischen Überblendungen geradezu inflationär Gebrauch gemacht wird, haben Überblendungen ihre überkommene Funktion weitgehend verloren. Sie gilt im wesentlichen nur noch im klassischen Erzählkino. Ansonsten dienen Blenden fast nur noch dazu, Übergänge weicher und gefälliger zu machen.

Filmische Überblendungen entstehen aus der zeitweisen Überlappung zweier Bilder, wobei das Bild aus Einstellung 1 abgeblendet (abgeschwächt) wird, während das Bild aus Einstellung 2 aufgeblendet wird.

Neben den überkommenen Grundformen sind inzwischen aber Hunderte von Varianten digital erzeugter Blenden und Überblendungsformen im Gebrauch. Sie sind beliebte Augenkitzel, mit denen ohne großen Aufwand kleine Aufmerksamkeitshappen ergattert werden können.

Trickblenden werden mitunter auch gerne benutzt, wenn Übergänge zu hart erscheinen und weicher gemacht werden sollen. Allzu oft handelt es sich dabei aber nur um technische Spielereien, die inhaltlich völlig belanglos bleiben.

Bei der digitalen Postproduktion ist die Palette der zur Verfügung stehenden Blenden und Überblendungen noch weit größer.

Caméra Stylo. Anfang 1948 prägte der französische Filmkritiker Alexandre Astruc den Begriff Caméra Stylo – die Idee, dass ein Filmemacher mit der Kamera den Film »schreibe« wie ein Schriftsteller mit dem Federhalter seinen Roman. Caméra Stylo wurde zur zentralen Losung des sogenannten Autorenfilms, der die künstlerische Einheit von Autor und Regisseur gegen die industrielle Arbeitsteilung in der Filmproduktion verteidigen wollte.

Basics
Kamera als Erzähler
Erzählhaltungen

Diegese (von gr. *diégesis*: »Erörterung«, »Erzählung«), die Welt der Fiktion, die durch die Erzählung (→ Narration) geschaffen und evoziert wird. Zu den in den Bildern und Tönen liegenden Informationen kommen all jene von der Erzählung mobilisierten Vorkenntnisse des Zuschauers hinzu, auf die er zurückgreift, um das Geschehen räumlich-zeitlich einordnen zu können.

Man unterscheidet zwischen diegetischen und nichtdiegetischen (intra- oder extradiegetischen) Ton- und Bildsequenzen. Nichtdiegetisch sind beispielsweise Vor- und Abspann.

Der Diegese (Ebene der Narration) wird die Mimesis (Ebene der Handlung) gegenübergestellt. Im Film fließen Elemente des Epischen und des Dramatischen ineinander. Film enthält also sowohl diegetische wie mimetische Elemente.

→ Mimesis

Basics
Kamera als Erzähler
Handkamera

Direct Cinema / Cinéma Vérité In programmatischem Gegensatz zu den perfekt inszenierten Kulturfilmen und den sich allwissend gebenden Fernsehdokumentationen proklamierte Ende der 1950er Jahre eine junge Generation von Filmemachern eine neue Art des filmischen Realismus - in den USA (Direct Cinema, zunächst im Fernsehen) mit Richard Leacock, Donn Alan Pennebaker, Robert Drew, Albert und David Maysles), in Frankreich (Cinéma Vérité) mit Jean Rouch und Edgar Morin, in Deutschland mit Klaus Wildenhahn (BRD) und Jürgen Böttcher (DDR).

Diese filmische Bewegung erfuhr unterschiedliche Ausprägungen. In den Direct-Cinema-Filmen von Leacock und Pennebaker wird die 16 mm-Handkamera so unauffällig geführt, dass die Anwesenheit der Kamera − im Idealfall − das Geschehen nicht tangiert und beeinflusst. Beim Direct Cinema ging es − was Themen, agierende Personen, Orte und Zeitpunkte anlangt − immer um dramatische krisenhafte Ereignisse. Spannung muss also nicht erzeugt werden, weil die für den Fernsehschirm produzierten Berichte und Beobachtungen an einer Situation partizipieren, die von Spannung bereits beherrscht ist. Puristischer, noch mehr auf die Beobachtung konzentriert und ohne dramaturgische

Struktur, waren die Filme des Direct-Cinema-Regisseurs Frederick Wiseman.

Kritiker hielten dem Direct Cinema vor, nur die Oberfläche der Wirklichkeit abzubilden und keine Zusammenhänge und Strukturen zu erfassen; als weiterer Einwand wurde vorgebracht, dass die verwendeten Bilder ja nur ein Bruchteil und dazu eine höchst subjektive Auswahl aus der Riesenmenge des gedrehten Materials seien und dann, nach wiederum höchst subjektiven Gesichtspunkten, am Schneidetisch zusammenmontiert würden (»Schneidetisch-Filme«). Dass das ein subjektiver Zugriff auf die außerfilmische Wirklichkeit sei, werde sehr wirksam verschleiert und sei kaum noch zu durchschauen.

Anders als das Direct Cinéma suchten die Filmemacher des **Cinéma Vérité** unter die Oberfläche der beobachteten Realität zur »Wahrheit« vorzustoßen. Demonstrativ wurde mit der Kamera in die Wirklichkeit eingegriffen. Die junge Dokumentaristengeneration, allen voran der französische Ethnologe und Dokumentarist Jean Rouch, knüpfte voll Emphase an das revolutionäre Ästhetikprogramm Dsiga Wertows an, das im sowjetischen Film Anfang der 20er Jahre die »Kino-Wahrheit« (kino prawda) und das »Kino-Auge« (kino glas) proklamiert hatte. Der französische Journalist und Soziologe Edgar Morin übertrug Wertows Ideen auf die enthnographischen Filme Rouchs. Anders als Wertow ging es Rouch und Morin in ihrem Film »Chronique d'un été« (F 1961), der zum Inbegriff des Cinéma Vérité wurde, nicht um Authentizität im Sinne platter Abbildung. Kamera und Interviewer verbergen nicht, dass sie agieren und Aussagen und Haltungen provozieren. Für sie ist die Wahrheit immer unter der Oberfläche verborgen. Nur wer in die Wirklichkeit eingreift, stößt zu ihr vor: Sie muss ausgegraben und freigelegt werden.

Chris Marker ist ein weiterer wichtiger Vertreter des Cinéma Vérité.

In den USA wird das Direct Cinema zuweilen auch »Cinéma Vérité« genannt.

Basics
Kamera als Erzähler
Handkamera

Direktton, Synchronton. Bei Bildaufnahmen aufgezeichnete Geräusche werden als Direktton, den Bildern im Studio nachträglich hinzugefügte Geräusche werden als synchronisierter Ton (Synchronton) bezeichnet.

→ Originalton

Basics
Einstellungsgrößen
Halbnahe

»Einer« / »Zweier« / »Dreier«, Einstellung mit einer, zwei oder drei Personen, die in einer relativ nahen Einstellungsgröße im Bild sind.

Schnitt/Montage
Einführung

Einstellung, kleinste bedeutungstragende filmische Einheit, die mit einem Schnitt oder einer Blende beginnt und endet. Physikalisch gesprochen ist eine Einstellung ein kontinuierlich belichtetes Stück Film, in dem es keinen Schnitt gibt.

Unterschieden werden Bild- und Toneinstellung. Meist sind beide identisch, aber auch Überlappungen sind möglich. Es gibt sowohl allein stehende stumme Bildeinstellungen, und es gibt allein stehende unter Schwarzbild laufende Toneinstellungen.

→ Sequenz

Basics
Einstellungsgrößen

Einstellungsgröße, die relative Größe, die ein Hauptgegenstand innerhalb einer Einstellung im Verhältnis zu seiner Umgebung einnimmt. Für Einstellungsgrößen gibt es kein absolutes Maß; die Übergänge sind oft fließend und nicht immer ganz eindeutig. Eine Rolle spielt, ob der Hauptgegenstand eine Person oder ein Ding ist, ob der Zuschauer ein Vorwissen zum Hauptgegenstand mobilisieren, die Raumstruktur der Umgebung entschlüsseln kann und so weiter.

Mit der Einstellungsgröße ist auch eine bestimmte (optische) Distanz zwischen Kamera und Hauptgegenstand gegeben. Je mehr Raum um den Hauptbildinhalt sichtbar ist, desto weiter ist die Einstellung.

Im Fachjargon wird von einer »Einer-/Zweier-/und Dreiereinstellung« gesprochen, je nach dem, wie viele Personen im Bild sind.

Bei der Bezeichnung der Einstellungsgrößen begnügt man sich häufig mit einer fünfgliedrigen Grobunterteilung: Totale / Halbtotale / Halbnahe beziehungweise Amerikanische / Nahe / Groß- beziehungsweise Detaileinstellung.

Ingesamt werden fachsprachlich acht Einstellungsgrößen unterschieden:

Weite / weite Einstellung / Panoramaeinstellung (extreme long shot). Eigentlicher Bildinhalt ist in dieser Einstellung die Landschaft, in der sich Menschen, Tiere und Objekte fast verlieren. Bewegungen sind erst bei genauerem Hinsehen auszumachen; indem sie der Zuschauer verfolgt, werden ihm Tiefe und Weite des Raums erfahrbar. Die Dimensionen der Landschaft und die zurückgelegten Entfernungen kann er sich erschließen, indem er seine Erfahrung zum Maßstab nimmt, wie groß ein fahrendes Auto ist oder wie schnell sich ein Fußgänger bewegt.

Weite/Panorama

Totale / totale Einstellung (long shot). Eine oder mehrere Personen sind in voller Größe zu sehen sowie ein größerer Ausschnitt ihrer Umgebung.

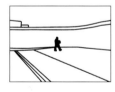

Totale

Halbtotale / halbtotale Einstellung (medium shot). Eine oder mehrere Personen im Mittelgrund des Bildes sind in voller Größe samt ihrer unmittelbaren Umgebung zu sehen.

Halbtotale

Halbnahe / halbnahe Einstellung (medium shot). Personen sind vom Kopf bis zu den Knien zu sehen; die unmittelbare Umgebung ist sichtbar. Wird als »Einer«, »Zweier« oder »Dreier« viel in geschlossenen Räumen verwendet.

Halbnahe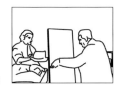

Amerikanische / amerikanische Einstellung (medium shot). Personen sind vom Kopf bis zur Hüfte beziehungsweise bis zum Pistolengurt am Oberschenkel zu sehen; die unmittelbare Umgebung tritt hinter den sie verdeckenden Personen weitgehend zurück. Wird als »Einer« oder »Zweier« gern in geschlossenen Räumen verwendet; klassisch auch im Showdown des amerikanischen Western – daher der Begriff »Amerikanische«.

Amerikanische

Nahe / nahe Einstellung (medium close up). Personen sind mit ihrem Oberkörper bis maximal zum Bauchnabel zu sehen. Wird gerne als »Einer« oder »Zweier« in geschlossenen Räumen verwendet.

Nahe

Großaufnahme / Großeinstellung (close up). Das gefilmte Subjekt beziehungsweise Objekt füllt das Bild völlig aus; Gesichter und Konturen sind oft angeschnitten.

Großeinstellung

Detail / Detaileinstellung (extreme close up). Bildfüllend wird ein kleiner Ausschnitt aus einem größeren Ganzen gezeigt, beispielsweise eine Hand, ein Finger oder ein Auge.

Detail

Ellipse, Auslassung eines für das Verständnis entbehrlichen Handlungsteils. Raum- und Zeitsprünge werden vom Zuschauer aufgrund seiner Film- und Fernseherfahrung sozusagen automatisch überbrückt. Ellipsen, Rückblenden, dramatisierende Musik usw. gehören zum Fundus konventionalisierter Sehgewohnheiten und fallen als solche in der Regel gar nicht auf, sondern werden stillschweigend mitvollzogen.

Schnitt/Montage
Eyeline Match
Ellipse

Erzählhaltungen der Kamera. Die Filmkamera kann (a) zwischen der außerfilmischen Wirklichkeit und dem Zuschauer vermitteln. Sie spielt dann eine mediatisierende, beobachtende Rolle, verzichtet darauf, selbst zu handeln, und entfaltet keine eigene Dynamik. Die beobachtende Kamera kann völlig statisch sein, oder sie kann die Bewegungen der abgebildeten Objekte nachvollziehen, indem sie ihnen folgt und sie im Bild hält.

Sie kann aber auch (b) eine aktive und expressive Rolle übernehmen. Die autonome Kamera bewegt sich wie ein selbständiger Akteur im Raum. Neben den handelnden Schauspielern übernimmt die Kamera eine weitere, eigenständige Rolle im Film.

Eine autonome Kamera, die sich nicht auf die Beobachterrolle beschränkt, ermöglicht ein mehrdimensio-

Basics
Kamera als Erzähler
Erzählhaltungen

nales Erzählen. In Friedrich Wilhelm Murnaus »Der letzte Mann« (D 1923) erlebt der Zuschauer die Ereignisse durch die Augen des Helden und lernt durch die zeitweise selbständig agierende Kamera (»entfesselte Kamera«) die Perspektiven und Gedanken des Erzählers (Regisseurs) kennen. Murnaus Vorgehen in diesem Film könne man, so Frieda Grafe, in Anlehnung an die Kategorie der erlebten Rede in der Literatur als »erlebtes Denken« oder besser noch als »erlebten Blick« bezeichnen.

Erzählhaltungen kommen selten in reiner Form vor; meist gibt es Mischformen und Kombinationen.

Schnitt/Montage
Eyeline Match
Blickachsenanschluss

Eyeline Match / Blickachsenanschluss. Innerhalb des →Kontinuitätssystems wird vom logischen Zusammenhang der Blicke ausgegangen, von ihrem Ordnungs- und Sinnzusammenhang: Eine handelnde Person blickt aus dem Bild hinaus; das nächste Bild zeigt dann das Objekt, auf das sich der Blick richtet. Für den Kontinuitätseindruck ist neben der Berücksichtigung der 180-Grad-Regel das Matchen (»passend Zusammenfügen«) der Blickachsen zwischen zwei oder mehreren handelnden Personen unerlässlich. Über das Matchen ihrer Blickachsen können Personen in einen Kommunikations- und Handlungszusammenhang gebracht werden, der in der vorfilmischen Realität nicht existierte.

Filmanalyse, systematisches Sehen und Protokollieren des Films oder bestimmter Teile. Auf der Basis eines Filmprotokolls, das mehr oder weniger detailliert sein kann (Grobstruktur: Sequenzen; Feinstruktur: Sequenzen und Einstellungen; Bild, Ton, Dialog, Musik), können die flüchtigen ästhetischen Inhalte und Formen des Films bewusst gemacht und mit Hilfe statistischer Daten (z.B. Verteilung von Einstellungslängen, Einstellungsgrößen, Kamerabewegungen) interpretiert und analysiert werden. Über eine Produktanalyse hinaus kann sich die Filmanalyse auch auf die Produktion und Rezeption bis hin zur Wirkungsgeschichte erstrecken.

Neben inhaltlichen, ästhetischen und dramaturgischen Fragestellungen kann die Filmanalyse auch auf soziale und politische Kontexte, auf stilistische Merkmale von Genres, Autoren, Regisseuren, auf historische Besonderheiten usw. eingehen.

Geblimpte Kamera, schallgedämmte Kamera, deren Motorengeräusch so leise ist, dass im späteren Film verwendbarer → Direktton aufgezeichnet werden kann.

**Basics
Kamera als Erzähler
Erzählhaltungen**

Informationsvergabe. Spannung speist sich aus Informationsgefälle. Besitzt das Publikum gegenüber den handelnden Figuren einen Informationsvorsprung, kann es intensiver mitleiden, weil es weiß oder ahnt, was der ahnungslosen Figur geschehen kann. → Suspense

Besitzt hingegen die handelnde Figur einen Informationsvorsprung, kann der Zuschauer weniger voraussehen und wird Überraschungen ausgesetzt. Nach dieser Methode verfahren die sogenannten Whodunnits der englischen Krimis. Die Wirkung verpufft nach dem erstmaligen »Gebrauch«.

Bei gleichlaufender Informiertheit erfährt der Zuschauer ebenso viel wie die handelnde Hauptperson und durchlebt mit ihr die gesamte Narration.

Kadrierung / Kadrage / Cadrage (von frz. *cadre*, »Rahmen«, »Einfassung«), die exakte Komposition eines von einem Kameraobjektiv aufgenommenen Bildes, einschließlich der Bestimmung der Bildgrenzen und der Position von Figuren und Gegenständen.

Die angeschnittene Kadrierung (offene Bildkomposition) legt Wert auf eine eher lockere, weniger kontrolliert erscheinende Anordnung der Bildelemente. In der angeschnittenen Kadrierung reichen die Bildelemente oft über den Bildrand hinaus, als habe die Kamera sie eben erst entdeckt. Sie ist deshalb charakteristisch für Dokumentarfilme und vermittelt den Eindruck größerer Authentizität.

Die nicht angeschnittene Kadrierung (geschlossene Bildkomposition) bevorzugt eine in sich geschlossene, sorgfältig arrangierte Bildgestaltung, in der alles Wichtige im Bild enthalten ist.

Basics
Kamera als Erzähler
Kamerabewegungen

Kamerabewegungen. Unterschieden wird zwischen dem Kameraschwenk, bei dem sich die Kamera dreht, und der Kamerafahrt, bei der sich die Kamera im Raum bewegt.

Beim **Schwenk** (pan) wird die Kamera in vertikaler oder horizontaler Richtung um die eigene Achse gedreht. Alle denkbaren Kombinationen von Horizontal- und Vertikalschwenks sind in Gebrauch. Ein Schwenk kann in einer statischen Einstellung beginnen, sich kontinuierlich beschleunigen, eine konstante Geschwindigkeit erreichen, dann wieder kontinuierlich langsamer werden und in einer statischen Einstellung enden. Ebenso ist es aber auch möglich, nur den Anfang, das Ende oder den Mittelteil der kontinuierlichen Bewegung zu verwenden.

Der **360-Grad-Schwenk** ist eine komplette Drehung der Kamera um die eigene Achse in horizontaler Richtung.

Die **Kamerafahrt** (traveling shot) ruft den Bildeindruck kontinuierlichen Gleitens hervor.

Bei Fahraufnahmen wird die Kamera auf einen auf Schienen oder weich federnden Gummireifen laufenden speziellen Kamerawagen (Dolly) oder andere Fahrzeuge montiert: auf ein Auto, eine Eisenbahn, ein Schiff, ein Flugzeug, einen Helikopter oder Ballon etc. Die Veränderung der Kameraposition im Raum bringt – im Gegensatz zum Zoom – eine Veränderung der Proportionen der Subjekte und Objekte zueinander mit sich.

Mit einem besonderen Tragstativ, das der Kameramann Garrett Brown entwickelt hat, lassen sich auch mit der Handkamera ruhige Bewegungen ohne Wackeln filmen. Durch die mit der sogenannten **Steadicam** gegebene Möglichkeit, auf Dollys verzichten zu können, gewann die Kameraarbeit eine ganz neue, die Filmästhetik prägende Bewegungsfreiheit.

Bei einer **Horizontalfahrt** gleitet die Kamera horizontal am statischen Bildinhalt vorbei. Bei schneller Fahrt kann es – wie beim Blick aus dem Fenster eines fahrenden Zuges – zu Wischeffekten kommen.

Es sind Ran- und Rückfahrten zu unterscheiden. Die schnelle **Ranfahrt** hat – noch stärker als ein **Ransprung** – Zeige- und Hinweisfunktion. Sie verdichtet den Hauptbildinhalt, während die Umgebung aus dem Blickfeld verschwindet.

Bei **Rückfahrten** ist es umgekehrt – der Kontext von Bilddetails wird in den Blick genommen. Bei schienengebundener Dolly-Rückfahrt muss der Fahrtraum dort enden, wo die Schienen ins Bild kämen.

Bei einer **Parallelfahrt** fährt die Kamera horizontal neben dem sich in gleicher Richtung bewegenden gefilmten Objekt, einer laufenden Person beispielsweise. Je nach Geschwindigkeitsdifferenz bleibt – der Hauptbildinhalt im Mittelgrund klar erkennbar und scharf, während sich der Hintergrund verwischt.

Bei Parallelfahrten werden häufig Kamerabühnen genutzt.

Für **Vertikalfahrten** muss in der Regel ein Kran benutzt werden, der die Kamera anhebt oder absenkt. **Kranfahrten** erlauben, vertikale und horizontale Bewegungen frei zu kombinieren. Vertikale Kranfahrten werden in Hollywood-Filmen gerne als Übersichtseinstellungen verwendet. Die Anfangs- und Schlusseinstellungen von Hollywood-Filmen sind häufig vertikale Kranfahrten, die von einer Totalen in die Nahe oder umgekehrt, von einer Großeinstellung in die Totale gehen. Intensiver und eindrucksvoller als Ran- beziehungsweise Rückfahrten stellen sie einen Zusammenhang her zwischen dem Einzelnen und seiner Umgebung.

Horizontale Kranfahrten werden in jüngerer Zeit gerne bei Fernseh-Liveübertragungen verwendet – in Shows, im Sport und in Konzerten. Schwenks, vertikale und horizontale Fahrten lassen sich bei Kranfahrten – das ist ihr großer Vorteil – leicht miteinander kombinieren. Das ist aber auch der Grund, weshalb sie etwas Artifizielles haben. Im Gegensatz zur Kamerafahrt und zum Schwenk realisieren sie Bewegungen, denen kein natürlicher Bewegungsablauf des Menschen entspricht.

Bei der **360-Grad-Umkreisung** bewegt sich die Kamera meist autonom und schneidet dabei ihren Gegenstand gleichsam aus seinem Kontext heraus.

Ein Beispiel: Ein tanzendes Paar, das die Kamera in derselben Richtung umkreist, wie sich die beiden drehen, bekommt vor dem sich verwischenden Hintergrund etwas Statisches.

Kreist die Kamera hingegen in gegenläufiger Richtung, scheint sich das Paar mit größerer Geschwindigkeit zu drehen. Beide, Gegenstand und Hintergrund, verwischen.

Kreisfahrten, bei denen die Kamera den Gegenstand nur einmal umrundet, sind meist langsamer, Mehrfachumrundungen werden meist immer schneller. Der **langsamen Kreisfahrt** entspricht die natürliche Bewegung eines menschlichen Betrachters, der einen Gegenstand – zum Beispiel eine Skulptur im Museum – eingehend betrachtet und ihn dabei umkreist. Anders die schnelle Kreisfahrt, der keine habituelle Bewegung entspricht – es sei denn der Grenzfall des Schwindligwerdens, wie bei einem rasend schnellen Walzer.

Die verschiedenen Kamerabewegungen können in jeder nur denkbaren Weise miteinander kombiniert werden, sei es, dass einzelne Bewegungen aufeinander folgen (auf eine Ranfahrt folgt ein Rechtsschwenk), sei es, dass die Bewegungen gleichzeitig ausgeführt werden (ein Rechtsschwenk während einer Ranfahrt).

Als Ende der 50er Jahre neben den schweren 35 mm-Kameras die neuen 16 mm-Kameras aufkamen, bildete sich ein neuer, beweglicher Dokumentarismus heraus. Die leichten Kameras von Auricon, Éclair und ARRI brauchten nicht mehr zwingend ein Stativ. Man konnte sie auch aus der Hand beziehungsweise auf der Schulter führen. Damit war man nicht mehr an Schienen und Dolly gebunden. Waren sie geblimpt (schallgedämmt), konnte man sogar synchrone Direktton-Aufnahmen machen.

Überall begann sich ein neuer Stil zu entwickeln. Dessen eigenwilligste Vertreter waren in den USA das → Direct Cinema und in Frankreich das Cinéma Vérité.

Mit **Handkameras** ausgeführte Bewegungen können eigentlich fast alle Bewegungsverläufe nachahmen, die uns von der natürlichen Alltagserfahrung her vertraut sind. Allerdings sind mit einer Handkamera aufgenommene Sequenzen weniger »perfekt« als Aufnahmen vom Stativ und vom Dolly. Kontinuierliche Gleitbewegungen sind von Stockungen und abrupten Bewegungswechseln unterbrochen. Oft kommt es zu Unschärfen und suboptimalen Belichtungen. Die neuen digitalen Kameras können diese bekannten Schwächen durch Automatiken auffangen oder deutlich mildern.

Kameraperspektiven. Ob die Filmkamera eher abbildet, darstellt, dokumentiert und vermittelt, oder ob sie eher wertet, kommentiert und expressiv Einzelelemente in den Vordergrund spielt, hat mit mehreren Faktoren zu tun. Eine Faustregel besagt: Die Expressivität nimmt in dem Maße zu, wie die Kamera darauf verzichtet, den idealen Koordinaten zu folgen, auf die uns unser Gleichgewichtssinn eicht – einer Vertikalen, die lotgerecht, und einer Horizontalen, die mit der Wasserwaage austariert ist. Expressivität hat darüber hinaus auch mit Distanz und Brennweite zu tun. Die Kamera wird umso expressiver, je näher sie dem Gezeigten rückt und je größer die Brennweite ihres Objektivs ist.

Umgekehrt gilt entsprechend: Der Grad der »reinen« Abbildung wächst, wenn die Kamera eher distanziert positioniert ist oder sie die Szene aus der Mitte und in Augenhöhe der Handelnden aufnimmt.

Abweichungen von der Normaloptik und von der Zentralperspektive steigern sich gegenseitig in Richtung erhöhter Expressivität. Abweichungen können insofern selbst dann eine Wirkung ausüben, wenn sie sehr gering sind und für sich allein gesehen kaum auffallen.

In der **Zentralperspektive** wird die Szene mit Normaloptik aufgenommen – der Fluchtpunkt des Bildes liegt in Augenhöhe, die imaginäre Handlungsachse im Bildzentrum. Ein Beispiel: eine klassische Theateraufzeichnung im Fernsehen.

Basics
Kamera als Erzähler
Perspektiven

Die Abweichung nach oben ist die **Aufsicht** (Vogelperspektive). Die Kamera blickt von einer erhöhten Position aus, so dass sich nach unten stürzende, also konvergierende Linien ergeben. Im Extrem würde die Kamera tatsächlich die Perspektive eines Vogels einnehmen. In der Aufsicht erscheinen Subjekte klein und ihrer Individualität beraubt. In Massenszenen ergeben sich bildliche Ornamente, während bei der Darstellung Einzelner der Eindruck der Verlorenheit des Individuums in seiner Umgebung vermittelt wird.

Die **Untersicht** (Froschperspektive) ist die Abweichung von der Zentralperspektive nach unten. Die Kamera blickt von einer niedrigeren Position zum Bildgegenstand auf, so dass sich nach oben konvergierende Linien ergeben. Im Extrem würde die Kamera tatsächlich die Perspektive eines Frosches einnehmen. Eine nur leichte Untersicht, wenig unter Augenhöhe, macht die Einstellungen »interessanter«, weil ungewohnter.

Weitere Wirkungen von Kameraperspektiven auf die Wahrnehmung werden immer wieder gerne behauptet. Es handelt sich dabei aber nur um Spekulationen.

Schnitt/Montage
Einführung

Kontinuitätssystem (Continuity System). Seit Beginn der Filmgeschichte stand beim Gros der Autoren, Regisseure, Kameraleute und Cutter das Bestreben im Mittelpunkt, den Zuschauer vergessen zu lassen, dass Film etwas Gemachtes, etwas künstlich Geschaffenes ist. Das Kontinuitätssystem, an dessen Perfektionierung seit den 20er Jahren vor allem Hollywood unermüdlich gearbeitet hat, spiegelt vor, die Narration geschehe aus sich heraus. Zu den Regeln des Kontinuitätssystems gehören u.a. die Einführung in den Film (und in einzelne Szenen) mit einem Establishing Shot, die Respektierung der 180°-Regel, die Vermeidung eines Achsensprungs, der Eyeline-Match und die Variation aufeinanderfolgender Einstellungen um mindestens 30 Grad.

Basics
Kamera als Erzähler
Erzählhaltungen

Living Camera, Filmstil, der durch eine sehr mobile (»lebendige«) Kamera geprägt ist, die sich wie ein menschlicher Beobachter in der Szene bewegt. Karl

Freund begann damit in den 20er Jahren des 20. Jahrhunderts. Der Stil der Living Camera feierte seit den späten 50er Jahren sein Comeback im Cinéma Vérité und im → Direct Cinema.

Mac Guffin, Jargonausdruck für ein Ding, eine Person oder ein Ereignis, das für die Figuren (und damit für die Zuschauer) von Bedeutung ist, aber nicht für den Drehbuchautor und den Regisseur. Er hat nur die Aufgabe, die Handlung in Gang zu setzen, ist ansonsten aber ohne Belang.

Mimesis, die nachahmende Darstellung einer Handlung durch Handlung oder Rede. Den Mimesisbegriff, den Aristoteles in seiner »Poetik« für die Tragödie entwickelt hat, ist auch in der Filmästhetik anwendbar. Im Gegensatz zur narrativen Ebene (→ Diegesis) ist die Mimesis das Prinzip der dramatischen (Handlungs-)Ebene. Durch die möglichst vollendete Nachahmung von Handlung durch Handlungen versucht der Film vergessen zu machen, dass er etwas handwerklich oder industriell Gemachtes ist.

→ Kontinuitätssystem

Mise en Scène, im weiteren Sinne bezeichnet ganz allgemein den Stil und die Inszenierung eines Films; im engeren Sinne meint der Ausdruck das In-Szene-Setzen von aufeinanderfolgenden Handlungen von Akteuren in einer längeren Szene (meist einer → Plansequenz), also das Rollenspiel mit Auf- und Abtritten wie auf einer Theaterbühne.

Schnitt/Montage
Plansequenz
Mise en Scène

Für die Regie und das Bild ist damit die Komposition eines komplexen Geflechts aus Handlungen, Bewegungen und Dialogen im Raum und für eine bestimmte kontinuierliche Zeit vorgegeben. Die Einstellungsgröße verändert sich nicht oder nur wenig. Aber die Nähe beziehungsweise Distanz der Handelnden zur Kamera und ihr Platz im Bild variieren. Dies ergibt ein komplexes Bild, das meist einen eher statischen Gesamteindruck hervorruft.

Grundelemente der Mise en Scène sind also: statische Kamera, halbtotale bis totale Einstellungsgröße, hohe Schärfentiefe des Bildes, längere Einstellungsdauer, Bewegung im Bild statt Bewegung des Bildes.

Montage → Schnitt

Schnitt/Montage
Einführung

Narration (lat. *narrare*, »erzählen«), Komponente des kommunikativen Prozesses. Nicht nur der Spielfilm, auch nichtfiktionale Gattungen und Genres (Dokumentarfilme, Features, Reportagen) besitzen narrative Elemente, die Sinn vermitteln und eine Geschichte erzählen. Narration ist ein geplanter, strukturierter (Erzähl-) Akt. Narration wie auch das Drama sind auf Wirkungen beim Zuschauer hin angelegt (Wirkungsästhetik). Narration. legt die Schemen einer Geschichte vor, die die Zuschauer aufgreifen und sich auf der Basis ihrer mehr oder weniger umfangreichen Seh- und Lebenserfahrungen ausmalen. Narration hat in manchen Filmen ein explizites und erkennbares vermittelndes Kommunikationselement: den Erzähler, der Raum, Zeit, Handlung beschreibt und kommentiert (diegetische Narration). Meist aber wird die Narration durch einen impliziten Erzähler vorangetrieben, unter anderem durch die Kamera, durch Kamerahandlung, -perspektive, -ausschnitt, Montage etc. In der mimetischen Narration geschieht die Darstellung des Geschehens in einer dramatischen Handlung durch Nachahmung von Handlung. Der Autor »spricht« durch die Handlungen der Personen. Im Film sind die diegetische und die mimetische Narration miteinander verknüpft: Eine Handlung wird durch einen (meist) unsichtbaren Erzähler dargestellt. Die Geschichte erzählt sich gleichsam selbst.

Basics
Kamera als Erzähler
Perspektiven

Off, Geräusche oder Töne, deren Quelle im Bild nicht zu sehen ist. Off-Töne sind aber nicht nur Kommentare, sie können auch eine Quelle in der vom Film geschaffenen Welt haben. Dann spricht man von einem diegetischen Ton. Filmmusiken hingegen sind in den allermeisten Fällen nicht-diegetische Off-Töne.

On, Geräusche und Töne, deren Quelle im Bild zu sehen ist. On-Geräusche sind also stets diegetische Geräusche.

Originalton, Sprache, Geräusche und Töne, die beim Drehen aufgezeichnet werden. Von Originalton (auch: O-Ton) spricht man, wenn es sich um gesprochene Rede handelt, bei sonstigen in der Szene vorkommenden Geräuschen von »Atmo« (Abkürzung für: atmosphärischer Ton).

→ Direktton

Basics
Kamera als Erzähler
Perspektiven

Overshoulder (über die Schulter), eine Einstellung, die über die Schulter eines Akteurs aufgenommen wird. Dabei sind Hinterkopf und Hals im Vordergrund im Anschnitt zu sehen, und das Gegenüber ist nahezu en face im Bild. Auch hier wird – wie beim Point of View (→ Subjektive Einstellung) – die Blickachse der Person imitiert, doch der Anschnitt der Person macht die physische Trennung zwischen dem Blick der Person und der Kameraperspektive deutlich.

Die Overshoulder-Einstellung wird fast ausschließlich in →**Schuss-Gegenschuss-Sequenzen** (Shot-Reverse-Shot, SRS) eingesetzt, um Dialoge filmisch aufzulösen. Dabei wird meist der Sprechende im On gezeigt, und die Person, über deren Schulter gefilmt wird, schweigt. Seltener wird die Overshoulder-Einstellung als → Reaction Shot verwendet.

Basics
Kamera als Erzähler
Perspektiven

Plansequenz, in einer langen Einstellung gedrehte (ungeschnittene) Sequenz.

Dabei kann die Kamera starr sein oder sich leicht – und durch Bewegungen der Handelnden im Bild motiviert – bewegen.

Tiefenschärfe, Weitwinkelobjektiv und Inszenierung der Handelnden vor der Kamera, die Mise en Scène, sind gestalterische Grundelemente der Plansequenz.

Als Plansequenz aufgenommene Handlungen haben etwas Theatralisches und Dokumentarisches zugleich. Theatralisch: Da die Kamera die Haltung eines neutralen Beobachters einnimmt, blicken die Zuschauer so distan-

Schnitt/Montage
Plansequenz

ziert auf das Geschehen wie der Theaterzuschauer auf die Bühne. Dokumentarisch: Da das Aktionskontinuum ungeschnitten über eine lange Zeit verfolgt wird, Filmzeit und verfilmte Zeit identisch sind, besitzt das Geschehen in hohem Maß den Charakter des Authentischen.

Plot, Struktur oder Skelett der Geschichte. Ein Plot, die Antwort auf die Frage »Wovon handelt die Geschichte?«, muss in wenigen Sätzen die allgemeinen Zusammenhänge, Gründe und Motive einer Geschichte anführen. Man unterscheidet grundlegend zwischen dem Action-Plot (physischer Plot) und dem geistigen (psychischen) Plot. Ein Film ist wie ein klassisches Drama in drei Kapitel unterteilt: Zwei Plot Points (PP) bilden die Wendepunkte. PP-1 ist der Punkt, wo der Anfang in den Hauptteil übergeht, PP-2 der Übergang vom Haupt- in den Schlussteil.

Basics
Kamera als Erzähler
Perspektiven

Reaction Shot (Reaktionseinstellung) zeigt die (stumme) Reaktion des Gegenübers in einem Dialog. Reaction Shots lockern die Eintönigkeit des Hin- und Herschneidens und -blickens des →Schuss-Gegenschuss-Verfahrens auf, bei dem immer der Sprechende zu sehen ist. Der Sprecher ist beim Reaction Shot im Off.

Schnitt/Montage
Einführung

Schnitt/Montage beschreiben zwei Seiten desselben Prozesses: zunächst das Aufspalten und Schneiden der Filmrolle in einzelne Einstellungen, in Takes. Dann das Kürzen dieser Einstellungen (Schnitt) und schließlich das Zusammenfügen, das Montieren zu einer neuen Einheit: nämlich zur Sequenz und endlich zum ganzen Film.

Montage organisiert die Filmzeit, den Ablauf, die Abfolge, den Rhythmus. Diese Rhythmisierung, diese »Atmung« des Films, wird seit den 20er Jahren als ein Indikator für Filmkunst angesehen.

Rhythmisierung kann durch eine höhere oder geringere Schnittfrequenz erreicht werden, meist kombiniert mit näheren oder weiteren Einstellungsgrößen. Aber: Hier geht es nur um die Formalspannung. Ohne inhaltliche und dramaturgische Unterfütterung bleibt diese Rhythmisierung mechanisch und formal.

Der ungeschriebene Kontrakt zwischen Autor, Regisseur und Publikum ermöglicht es, im Film physikalisch-zeitlich aufeinanderfolgende Sequenzen durch Montage, sei es als chronologisches Geschehen, sei es als gleichzeitiges oder achronologisches Geschehen, erscheinen zu lassen.

Establishing Shot. Nach den Regeln des →Kontinuitätssystems müssen ein Film und eine Szene durch einen Establishing Shot eröffnet werden, der dem Zuschauer meist durch eine (Raum-)Totale Orientierung gibt und dadurch die Geschichte oder Szene »etabliert«.

Basics
Kamera als Erzähler
Kamerafahrt

Der **Zwischenschnitt** ist eine Einstellung, die in eine kontinuierliche Szene eingeschnitten wird. Er kann zahlreiche Funktionen haben: informieren, erklären, eine Auslassung kaschieren.

Schnitt/Montage
Zwischenschnitt

Eine kaschierende Funktion wird beispielsweise benötigt, wenn ein Sprung über die Handlungsachse verdeckt werden soll.

Mit einem Zwischenschnitt kann im dokumentarischen und journalistischen Film und Fernsehen ebenfalls kaschiert werden, dass aus der Kontinuität des aufgezeichneten Materials ein Stück herausgeschnitten wurde. Dann wird der Tonschnitt unter einem »neutralen« Bild versteckt. Beispiel: Aus einem längeren Statement oder Interview wird immer dann etwas ausgelassen, wenn aus dem On des Sprechers auf die Hände geschnitten wird und der Ton im Off weiterläuft, so dass die Lippensynchronität vom Zuschauer nicht mehr kontrolliert werden kann.

Ein **Cut Away** ist eine Einstellung, die den Blick einer handelnden Person hinaus aus dem bis dahin geschaffenen Raum imitiert und damit einen neuen Raum eröffnet. Der Cut Away erklärt dem Zuschauer den Grund für diesen Blick – zum Beispiel die Ursache eines Geräuschs, das vorher aus dem Off zu hören war.

Schnitt/Montage
Zwischenschnitt
Cut Away

Ein **Insert** ist eine Texteinfügung, die das Publikum zum Beispiel darüber informiert, welche Schlagzeile die Person, die es zuvor in einer Totalen vor der Zeitung

Schnitt/Montage
Zwischenschnitt
Insert

sitzend zu sehen bekam, gerade liest. Insert wie Cut Away können die Funktion haben, den Zuschauer auf denselben Kenntnisstand zu bringen wie die handelnde(n) Person(en) im Film oder ihm einen Informationsvorsprung vor den Figuren zu verschaffen.

→ Suspense

Schnitt/Montage
Zwischenschnitt
Cut In

Der **Cut-In** oder Heransprung versetzt den Zuschauer mit einem Schnitt von einer relativ totalen Einstellung in die bessere Position einer relativ nahen Einstellung. Subjekt/Objekt, Umgebung und Kamerawinkel sind in beiden Einstellungen identisch.

Ein Sonderfall des Heransprungs ist der Sprung von einer beobachtenden, »objektiven« Einstellung in die Subjektive, in den **Point of View Shot.** Beispiel: Eine Person liest Zeitung oder arbeitet am Mikroskop. Die Kamera springt von der Halbtotalen in die Subjektive, also auf die Zeitungsüberschrift oder in seinen Blick durchs Mikroskop. Durch den Sprung in die Subjektive wird die Frage des Zuschauers beantwortet: »Was sieht der/die da?«

Schnitt/Montage
Zwischenschnitt
Cut Out

Der **Cut-Out** oder Rücksprung ist die Umkehrung des Cut-In: Geschnitten wird von der Naheinstellung in eine totalere Einstellung, die die Umgebung, den Kontext erkennen lässt.

Schnitt/Montage
Zwischenschnitt
Match Cut

Ein besonders intelligenter Fall der Kontinuitätsmontage ist der **Match Cut.** Er stellt den unmerklichen Übergang zwischen zwei unterschiedlichen, manchmal auch völlig disparaten Einstellungen her. Möglich wird das dadurch, dass ein besonders wichtiger oder markanter Bildinhalt die Aufmerksamkeit des Zuschauers bindet, während sich die Umgebung ändert. Das Matchen der Bewegungen ist ein Sonderfall der Bewegungsmontage: Eine Figur oder ein Gegenstand bewegen sich kontinuierlich durch mehrere Einstellungen und Schnitte hindurch. Dabei kann zugleich über mehrere Räume und in der Zeit gesprungen werden. Die Kontinuität wird durch die Gleichartigkeit der Bewegungsrichtung und -geschwindigkeit erreicht.

Das wohl berühmteste Beispiel liefert Stanley Kubricks »2001 – Odyssee im Weltraum« (1965–1968). Der

36

hochgeworfene Knochen wird mit dem Bild der Raumstation gematcht. Die Rotation in Zeitlupe, die einfarbigen Hintergründe und die Musik verbinden diese beiden so unterschiedlichen Einstellungen.

Zwei völlig verschiedene Szenen können auch durch die Ähnlichkeit der Handlung gematcht werden. Beispiel aus Fritz Langs Film »M — Eine Stadt sucht einen Mörder« (1931): Dieselbe markante Armgeste des Bosses der Unterwelt und des Polizeichefs verbindet die beiden unterschiedlichen Szenen. Der Übergang wird durch ähnliche Monologe verstärkt.

Der **Jump Cut** bricht die »heile Welt« der Kontinuitätsmontage brutal auf. Er ist sozusagen das Gegenstück zum Match Cut. Es gibt zwei Möglichkeiten, Diskontinuität zu erzeugen. Erstens: Aus einer längeren, kontinuierlich gedrehten Einstellung werden Teile herausgeschnitten, so dass Bild- und Zeitsprünge entstehen. Jean Luc Godard gilt mit seinem Film »Außer Atem« (1959) als Erfinder dieser Form des Jump Cut.

Schnitt/Montage
Jump Cut

Die zweite Form des Jump Cut: Eine räumlich oder zeitlich diskontinuierliche Einstellung wird zwischen zwei kontinuierliche Einstellungen eingefügt. Z.B.: A — B — A, wobei B das diskontinuierliche Element ist. Mit der Expressivität des Jump Cut bringt sich der Autor als auktorialer, allwissender Erzähler ins Spiel. Dennis Hopper setzte den LSD-Trip in »Easy Rider« (1969) auf diese Weise mit Jump Cuts ins Bild.

Achsensprung. Der Sprung über die Achse, der Achsensprung, zerbricht die Illusion der heilen Scheinwelt des Kontinuitätssystems und verletzt die eherne 180-Grad-Regel. Regisseure der französischen Nouvelle Vague Ende der 50er, Anfang der 60er Jahre haben gegen diese Regel gezielt und in programmatischer Weise verstoßen. Film- und Videoamateuren, aber auch Profis, die beim Drehen unter Zeitdruck stehen, unterlaufen immer wieder unfreiwillige Verstöße gegen die 180-Grad-Regel.

Schnitt/Montage
Achsensprung
Einführung

Das **180-Grad-Prinzip** oder die 180-Grad-Regel besagt Folgendes: Zwischen zwei Handelnden wird eine imaginäre Handlungsachse angenommen. Die Kamera beziehungsweise alle zum Einsatz kommenden Kameras

Schnitt/Montage
Achsensprung
180°-Regel

dürfen nur auf einer Seite dieser Achse stehen und sich nur in dem imaginären Halbkreis dieses 180-Grad-Bereichs bewegen. Wird dagegen verstoßen, droht der Zuschauer im filmischen Raum seine Orientierung zu verlieren. Er merkt sich: Person A steht links, Person B rechts. Im Kontinuitätssystem muss diese Anordnung im imaginären Raum erhalten bleiben, egal welche Blicke die Kamera auf die Szene wirft. Ein Sprung über die Handlungsachse wirft die optische Ordnung über den Haufen: Person B und A scheinen geisterhaft die Plätze getauscht zu haben. Desorientierung des Zuschauers ist die Folge: Damit beschäftigt, sich neu im Raum zu orientieren, hat er keine Zeit, sich auf den Inhalt zu konzentrieren; die Kontinuität der Narration wird unterbrochen.

Diese Desorientierung kann erwünscht sein, um dem Film oder der Sequenz den Illusionscharakter zu nehmen und um den Zuschauer zu eigener Aktivität zu bewegen. Aber Desorientierung durch Achsensprung kann auch das Ergebnis mangelnder Vorbereitung der Dreharbeiten oder mangelnder Erfahrung des Regisseurs oder des Kameramannes sein.

Am Schneidetisch lässt sich der Achsensprung nur mühsam »reparieren«, indem ein Zwischenschnitt eingeschoben wird, beispielsweise eine Raum-Totale auf der Handlungsachse von oben oder eine Naheinstellung als Reaction Shot einer der handelnden Personen von der Handlungsachse aus. Nach dem Zwischenschnitt kann über die Achse gesprungen werden.

Der Sprung über die Handlungsachse ist zu unterscheiden vom Verlassen der Blickachse, der Eyeline, zwischen den Handelnden. So kann das 180-Grad-Prinzip gewahrt sein, aber der → Eyeline Match ist nicht eingehalten. Das bedeutet: Die Personen blicken und sprechen aneinander vorbei. Auch dies kann erwünscht sein, aber es kann auch einfach ein Inszenierungs- und Anschlussfehler sein.

Schnitt/Montage

Assoziations-/ Kontrastmontage

Die **Attraktionsmontage** war das Herzstück der von Sergej Eisenstein 1923 entworfenen Filmtheorie: Bilder und Handlungen sollten auf die Emotionen des Zuschauers einwirken und ihn zu den erwünschten Schlussfolgerungen führen. Sie sollten ihn agitieren im Sinne von »bewegen«. Die **Kontrastmontage** von zeitlich oder räumlich disparaten Bildern von Objekten und Handlungen sollte zur Assoziation einer bestimmten Vorstellung beim Zuschauer führen.

Sehr früh in der Filmgeschichte verwirklichte Sergej Eisenstein in »Panzerkreuzer Potemkin« (1925) eine **Assoziationsmontage**: Die Maden im Fleisch sollten die Assoziation des faulenden zaristischen Systems hervorrufen. Der Schiffsarzt Smirnow wird als Vertreter der verrotteten Bourgeoisie assoziiert – genauso verrottet wie das madige Fleisch. Die Matrosen stellen dagegen die revolutionäre Kraft im zaristischen Russland dar.

Weiteres Beispiel einer Assoziationsmontage: Die Bewegungsphasen der steinernen Löwen wurden so aneinandermontiert, dass sie sich zu erheben scheinen – Symbol für das sich erhebende Proletariat. In der Szene auf der Treppe von Odessa stellt Eisenstein den Kontrast zwischen den zaristischen Soldaten und den aufbegehrenden Massen dar. Zur Kontrastierung verwendet er gegensätzliche Bewegungsrichtungen: Soldaten von links nach rechts beziehungsweise von oben nach unten, und die Massen von rechts nach links beziehungsweise von unten nach oben. Eine weitere Kontrastierung liegt in der brutalen Marschordnung der Soldaten im Gegensatz zu der durcheinander laufenden Menschenmenge.

Beim **Cross Cutting** und bei der **Parallelmontage** geht es um Spannung und Rhythmisierung, die nicht nur durch formale Techniken des Schnitts erzeugt werden, sondern durch die Montage von Handlungselementen. Beim Cross Cutting wird abwechselnd hin- und hergeschnitten zwischen zwei (oder mehreren) kleineren Handlungselementen. Hierdurch werden die verschiedenen Stränge zu einem simultanen Geschehen verflochten. Dadurch wird Spannung gesteigert. Cross Cutting wird unter anderem angewendet bei der Rettung in letzter Minute und beim Showdown.

Schnitt/Montage
Cross Cutting /
Parallelmontage

Die Parallelmontage ist vom Cross Cutting mitunter nicht auf den ersten Blick zu unterscheiden. Sie fängt als übergreifendes Syntagma dort an, wo das Cross Cutting aufhört: Bei der Parallelmontage wird zwischen größeren Handlungslinien hin- und hergeschnitten. Diese Handlungslinien können zeitlich simultan ablaufen, und die Handlungsstränge A und B können irgendwann zusammentreffen wie beim Cross Cutting.

Aber die Handlungslinien können auch zeitlich weit auseinanderliegen. Indem sie miteinander verflochten werden, wird eine Sinnbeziehung hergestellt – beispielsweise durch eine Rückblende, die das Bild von Vater und Sohn mit der Kindheit des Vaters und dessen Vater in Beziehung setzt.

Extrem lange Parallelmontagen verknüpfen ganze Episoden miteinander. Dabei gibt es zwei Formen: die Aneinanderreihung von in sich abgeschlossenen Erzählabschnitten und Handlungslinien einerseits und das alternierende, abwechselnde Erzählen andererseits. Beispiele hierfür sind die ineinander verschränkten Geschichten in D.W. Griffiths »Intolerance« (USA 1916) und die nächtlichen Berliner Episoden in Andreas Dresens Film »Nachtgestalten« (D 1998).

Schnitt/Montage
Cross Cutting/
Parallelmontage
Schachtelmontage

Bei der **Schachtelmontage** (involuted montage) wird die Narration in einer nichtchronologischen Ordnung entfaltet. Eine gängige Schachtelung ist, die Rahmenhandlung auf Zeitebene 1 anzusiedeln, die Haupthandlung auf Zeitebene 2. Die Haupthandlung wird dann als Rückblende oder als Vorschau gegenüber der Rahmenhandlung angelegt. Es sind auch mehrere Rahmungen und Zeitebenen möglich wie in Akira Kurosawas »Rashomon« (J 1950). Die Schachtelmontage kann aber auch ohne schnell erkennbare Ordnung auskommen – als Reihe von Wiederholungen aus derselben oder einer anderen Erzählperspektive. Das fordert die Aktivität des Zuschauers heraus, sich »seinen« Film selbst zu konstruieren.

Schnitt/Montage
Eyeline Match
Shot-Reverse-Shot

Schuss-Gegenschuss-Verfahren (Shot-Reverse-Shot, SRS). Um die Blickachsen zweier Personen aufeinandertreffen zu lassen, lässt man auf eine Einstellung einen meist gleichartigen Gegenschuss folgen; der Eyeline Match wird dadurch sozusagen auf Dauer gestellt. Dies ist ein gebräuchliches Verfahren, um einen Dialog zwischen zwei Personen aufzulösen. In Fernsehserien und Fernsehsoaps gehört es zum Standard. Überlicherweise wird dabei mit zwei Kameras gedreht. Schuss-Gegenschuss-Einstellungen sind bei Einzelpersonen meist zwischen nah und halbnah aufgenommen. Zweier- und Dreier-Einstellungen werden bis halbtotal aufgelöst. Bei größerer Kameraentfernung liefe das Schuss-Gegenschuss-Prinzip wegen des dann fehlenden Eyeline Matchs ins Leere.

Sequenz, Grundelement des Films, das aus zwei oder mehr Einstellungen besteht und einen gedanklichen oder formalen Zusammenhang bildet. Die Sequenz ist Baustein der Story und ihrer dramaturgischen Konstruktion.

→ Einstellung → Szene

Schnitt/Montage
Einführung

Spannung entsteht aus dem Informationsgefälle zwischen den verschiedenen beteiligten Figuren und demjenigen zwischen Figuren und Publikum. Sie speist sich aus zwei Gegebenheiten: Der Zuschauer ist »immer anwesend«, kann also mehr als die einzelnen Figuren wissen (→ Suspense). Der Zuschauer weiß aber möglicherweise auch weniger, wenn einzelne Figuren sich nicht in die Karten sehen lassen oder die Darstellung ihr Vorleben ausspart.

Schnitt/Montage
Einführung

Statische (starre, feste) Kamera wird in keine Richtung gedreht oder bewegt. Sie erfasst also:
- Bewegung im Bild
- Bewegung ins Bild hinein
- Bewegung aus dem Bild heraus
- ein statisches Bild.
Bewegung kann sich innerhalb des Bildes abspielen: Das Bild (die Szene) ist dann (in sich) geschlossen. Bewegung kann aber auch ins Bild hinein- oder aus dem Bild herausspielen: Das Bild oder die Szene, ist offen,

Basics
Kamera als Erzähler
Statische Kamera

der »natürliche« Rahmen der Kadrierung ist gesprengt. Eine statische Kamera kann auch ein statisches Bild aufnehmen. Meist handelt es sich dabei um ornamentale oder monumentale Bilder eher fotografischen als filmischen Charakters.

Basics
Kamera als Erzähler
Kamerafahrt

Steadicam, mit Gewichten austariertes und gefedertes Tragegerüst für die Kamera. Obwohl die Kamera nur getragen wird, können mit einer Steadicam und etwas Übung wackelfreie Aufnahmen gemacht werden, die den Eindruck des Gleitens und Fahrens hervorrufen. Sie beruht auf drei technisch-physikalischen Prinzipien: (1) Die Kamera wird von den Bewegungen des Operateurs isoliert. (2) Die Masse der Kamera wird auf eine größere Basis verteilt. (3) Das Gravitationszentrum wird durch Gewichte außerhalb der Kamera verlegt, so dass es der Operateur direkt manipulieren kann.

Diese Konstruktion ist verblüffend effektiv. Sie wurde von dem Kameramann Garrett Brown in den 70er Jahren entwickelt; »Rocky« (John G. Avildsen, USA 1976) ist sein erster mit einer Steadicam aufgenommener Film.

Story, die von einem Film erzählte Geschichte in den einzelnen Schrittfolgen der Erzählung. Im Gegensatz zum Plot wird nicht der Gesamtzusammenhang dargestellt, sondern in der Form berichtet: »Zuerst geschieht das und dann jenes.« Narration entsteht aus Plot und Figurenentwicklung.

→ Plot

Basic
Kamera als Erzähler
Perspektiven

Subjektive Einstellung (Point of View Shot, POV), Einstellung, die aus der Perspektive einer der handelnden Personen und in ihrer Blickachse aufgenommen wird. Mit dem **POV-Shot** wird die subjektive Wahrnehmung einer der handelnden Personen simuliert.

Die subjektive Einstellung ist nur durch ihre Einbettung in den Kontext aus »objektiven« Einstellungen zu erschließen. Es muss immer klargemacht werden, dass es sich um den Blick der vorher oder nachher

»objektiv« gezeigten Person handelt. Insofern darf die subjektive Einstellung nicht mit der subjektiven Erzählhaltung eines Erzählers oder mit dem Erzählstandpunkt verwechselt werden. Bei letzteren handelt es sich um psychologische, mentale und dramaturgische Kategorien, hier aber um stilistische und optische.

Suspense, im Unterschied zu anderen Formen der → Spannung verfügt beim Suspense der Zuschauer über mehr Informationen als die handelnde Figur und weiß daher, was gleich passieren kann. Die Spannung resultiert daraus, dass der Zuschauer die Figur »warnen« und in die Handlung eingreifen möchte, das aber nicht tun kann.

Szene, das nach der Einstellung nächstgrößere bedeutungstragende Element im Film. Die Szene wird als Einheit von Ort und Zeit definiert; der Begriff stammt aus der Theatersprache und Dramentheorie.

Tiefenschärfe / Schärfentiefe, Maß für die optische Schärfenverteilung auf Vorder- und Hintergrund. Je kleiner die Blende des benutzten Objektivs, desto größer wird die Tiefenschärfe.

Übergänge werden nach ihrer (vermuteten) Wirkung auf den Zuschauer beschrieben. Unterschieden werden »harte« und »weiche« Schnitte.

Wenn zwei in Bildinhalt, Zeit, Ort, Kadrierung, Einstellungsgröße oder Kamerabewegung unterschiedliche Einstellungen ohne Übergang, Bild an Bild geschnitten werden, spricht man von einem **harten Schnitt.** Harte Schnitte sehen wir in den meisten Filmen.

Wenn zwei in Gegenstand, Richtung und Geschwindigkeit der Kamerabewegung ähnliche Einstellungen aneinandergefügt werden und ein kaum merklicher Übergang entsteht, spricht man von einem **weichen Schnitt.** Meist handelt es sich dabei um einen Schnitt in der Bewegung.

Ein Sonderfall des weichen Schnitts ist der **unsichtbare Schnitt.** Damit werden zwei Einstellungen verbunden,

Schnitt/Montage
Übergänge
Harter Schnitt/
weicher Schnitt/
unsichtbarer Schnitt

deren Bildinhalt sozusagen »nahe Null« ist, die jedenfalls keine unterscheidbaren Einzelheiten enthalten. Ein Schnitt wird dadurch »versteckt«, dass er zwei gleichfarbige Einstellungen miteinander verbindet, zum Beispiel blauen Himmel oder eine rote Hauswand.

Ein Schnitt wird auch kaschiert, wenn das Objektiv in den beiden Einstellungen völlig oder fast völlig verdeckt ist. Zum Beispiel wenn eine Person auf die Kamera zu und in der nächsten Einstellung von ihr weggeht. Oder wenn nahe an der starren Kamera ein Auto vorbeifährt.

Basic
Kamera als Erzähler
Zoom, Transfocator

Zoom (Transfocator, Gummilinse, Varioobjektiv), Objektiv, bei dem durch Linsenverschiebungen eine stufenlose Veränderung der Brennweite möglich ist. Als Alternative zu Wechselobjektiven mit jeweils fester Brennweite sind seit den 50er Jahren Zoomobjektive im Gebrauch. Seit 1963 sind Zooms um das Zehnfache möglich. Bei einer 16mm-Kamera wird mit einer Brennweite von 12 bis 120 Millimeter der Weitwinkel- bis Telebereich abgedeckt. Mit elektronischen und digitalen Kameras ist in einer Kombination von optischem und digitalem Zoom heute ein Vielfaches der Vergrößerung beziehungsweise Verkleinerung möglich. Der früher übliche handgesteuerte Zoom ist vom motorgetriebenen Zoom heute weitgehend abgelöst worden.

Der **Ran- und Rückzoom** (auch: In-/Out-Zoom) imitiert für ein ungeübtes Auge eine Kamerafahrt: Subjekte und Objekte werden größer beziehungsweise kleiner. Da sich im Gegensatz zur echten Fahrt die Position der Kamera aber nicht verändert, ändert sich auch die Perspektive auf die Gegenstände nicht: die relative Größe der Subjekte und Objekte bleibt dieselbe. Insofern könnte man einen Zoom mit einer Fahrt auf ein zweidimensionales Bild vergleichen.

Ein schneller **Ranzoom** hat Hinweischarakter: Die Kamera wird zur Zeigeinstanz. Ein langsamer Zoom imitiert eine Fahrt. Da er gleichsam Bewegung ins Bild pumpt, verleitet das Zoomobjektiv leicht zum Herumspielen. Dem Zoom entspricht keine natürliche menschliche Bewegung, er ist in höchstem Maße künstlich. Hinzu kommt: Zooms lassen sich schlecht schneiden und miteinander montieren. Seine Berechtigung hat der Zoom vor allem darin, dass man mit ihm umstandslos den optimalen Bildausschnitt finden und wählen kann. Nur sollte der beste Bildausschnitt dann eben auch beibehalten werden.

Allenfalls in einem übertragenen Sinne hat der Zoom eine Ähnlichkeit mit natürlichen Wahrnehmungsprozessen: Ein Ranzoom kann den mentalen Prozess der Konzentration eines Menschen auf eine andere Person oder einen Gegenstand simulieren.

Über die Autoren

Prof. Dr. Rüdiger Steinmetz (rstein@uni-leipzig.de) – Jahrgang 1952 · Seit 1992 Lehrstuhl für Medienwissenschaft und Medienkultur, Universität Leipzig, Schwerpunkte: Filmästhetik, Dramaturgie, Mediengeschichte, v. a. Film, Fernsehen, Radio, Didaktik neuer Medien · 1979–1992 Wissenschaftlicher Assistent an der Hochschule für Fernsehen und Film, München; davor Zeitungsredakteur · Sprecher DFG-Forschergruppe »Programmgeschichte DDR-Fernsehen«. Stv. Vorsitzender Studienkreis Rundfunk und Geschichte · Herausgeber der Reihe »Media Studien«, Leipziger Universitätsverlag · Mitherausgeber der Reihe »Film Funk Fernsehen – praktisch«, TR-Verlagsunion, München · Mitherausgeber der Reihe »MAZ – Materialien, Analyse, Zusammenhänge« zur Programmgeschichte des DDR-Fernsehens · Autor von Dokumentarfilmen und Leitung diverser TV & Film-Production-Workshops in München, Innsbruck, Accra/Ghana und Addis Abeba/Äthiopien. **Publikationen (Auswahl):** East German Television History. In: International Journal of Film, Radio & Television, IAMHIST), Special Issue Aug. 2004 (Vol. 24), Nr. 3, Abingdon/UK: Carfax/Taylor & Francis [Autor und Gast-Herausgeber] · Rundfunk in Ostdeutschland. Erinnerungen – Analysen – Meinungen. Hrsg. gemeinsam mit Gerlinde Frey-Vor. Konstanz: UVK 2003 (Jahrbuch Medien und Geschichte 2003); darin: Live-Wende in eine neue Zeit: Der 9. November 1989 in den aktuellen Sendungen der ARD und des DDR-Fernsehens · Kommunikative und ästhetische Charakteristika des gegenwärtigen Dokumentarfilms. In: Straßner/Krank/Leonhard (Hrsg.): Handbuch Medienwissenschaft, Bd. 2. Tübingen 2002 · Dokumentarfilm zwischen Beweis und Pamphlet. Heynowski & Scheumann und Gruppe Katins. Leipzig: Universitätsverlag 2002 (gemeinsam mit Tilo Prase) (MAZ 2: Materialien – Analysen – Zusammenhänge) · Das 68er Gefühl im Film in Ost- und Westdeutschland. In: Hofmann, Wilhelm (Hrsg.): Die Sichtbarkeit der Macht. Theoretische und empirische Untersuchungen zur visuellen Politik. Baden-Baden: Nomos 1999 · Von der anti-imperialistischen Solidarität zu den Stärken des Sozialismus. In: Gehler, Fred / Steinmetz, Rüdiger (Hrsg.): Dialog mit einem Mythos. Ästhetische und politische Entwicklungen des Leipziger Dokumentarfilm-Festivals in vier Jahrzehnten.

Leipzig: Universitätsverlag 1998 (Media Studien, Bd. 5) · Zum vierzigsten Mal, aber mehr als 40 Jahre. Ein Blick zurück ins erste Jahrzehnt. In: Steinmetz, Rüdiger/Stiehler, Hans-Jörg (Hrsg.): Das Leipziger Dokfilm-Festival und sein Publikum. Leipzig: Universitätsverlag 1997 Media Studien, Bd. 2) · Freies Fernsehen. Das erste privat-kommerzielle Fernsehprogramm in Deutschland. Konstanz: UVK 1996 (kommunikation audiovisuell, Bd. 18).

René Blümel (bluemel@versatil-online.de) – Jahrgang 1970 · Studium der Medienkunst an der Hochschule für Grafik und Buchkunst Leipzig – Academy of Visual Arts · 2003 Diplom – Dokumentarfilm »Hausarbeiten«, Thema: elektronische Musikproduktion · Seit 2002 Tätigkeiten als Dozent für Video- und DVD-Produktion an der Universität Leipzig, Universität Halle, Werkleitz Gesellschaft für künstlerische Bildmedien Halle · Seit 2003 freiberuflicher Mediendesigner.

Kai Steinmann (steinmann@versatil-online.de) – Jahrgang 1978 · Seit 1997 Studium der Journalistik und Theaterwissenschaft, Universität Leipzig · 1998–1999 Ressortleitung und Chefredakteur Radio mephisto 97.6 · 2000–2001 Tutor des Onlineseminars der Universität Leipzig · Seit 2001 Hilfskraft am Institut für Kommunikations- und Medienwissenschaft, Universität Leipzig · Seit 2003 Leitung von Workshops zu DVD-Konzeption und DVD-Authoring an der Universität Leipzig · 2004 Gründung der Firma VERSATIL (DVD-Beratung, -Konzeption und -Gestaltung) zusammen mit Sebastian Uhlig.

Sebastian Uhlig (uhlig@versatil-online.de) – Jahrgang 1974 · Seit 1996 Studium der Kommunikations- und Medienwissenschaft und Kulturwissenschaft, Universität Leipzig · 1999–2001 Organisation, Konzeption und Projektleitung beim studentischen Internetfernsehen »nettv« an der Universität Leipzig · 1999–2000 Konzeption, Organisation und Ausrichtung des ersten studentischen Onlineseminars an der Universität Leipzig · Seit 2000 Konzeption und Ausrichtung verschiedener Workshops und Seminare unter anderem an der Universität Leipzig · 2000–2003 Hilfskraft an den Lehrstühlen für Medienwissenschaft und Medienpädagogik · Seit 2002 Konzeption und Umsetzung unterschiedlicher Medienproduktionen · 2004 Gründung der Firma VERSATIL (DVD-Beratung, -Konzeption und -Gestaltung) zusammen mit Kai Steinmann.

Bücher für Filmfreunde, Filmemacher und Drehbuchautoren.
Nur bei www.Zweitausendeins.de.

Syd Field
Das Handbuch zum Drehbuch
Syd Field ist der laut Hollywood-Reporter »meistgefragte Drehbuchlehrer der Welt«. Bei ihm lernen Sie alles, was dazugehört: Die erste Idee im Kopf, die erste Kurzfassung in drei Sätzen, das Vier-Seiten-Treatment, die wichtigen dramatischen Wendepunkte, wie Sie lebendige Figuren gestalten und Sinn und Unsinn von Dialogen, denn, so Field, »in vielen Filmen wird zu viel geredet und zu wenig gezeigt«. Deutsch von Brigitte Kramer. 232 Seiten. Fester Einband. 16,85 €. Nummer 10662.

Christopher Vogler
Die Odyssee des Drehbuchschreibers
Christopher Vogler hat für Hollywood-Studios Tausende von Stories und Drehbuchentwürfen auf ihre Tauglichkeit geprüft. Er stellte fest, dass fast allen großen Publikumserfolgen eine bestimmte archetypische Struktur zu Grunde liegt, die sich seit Anfang der Welt in allen erfolgreichen Geschichten wieder findet. In diesem Buch, das »in den letzten Jahren Furore gemacht hat« (Die Welt), legt er seine Erkenntnisse nieder und verrät »den Geheimcode des Geschichtenerzählens« (Vogler). Deutsch von Frank Kuhnke. 485 Seiten. Leinen. 16,90 €. Nummer 18504.

Steven D. Katz
Die richtige Einstellung
Katz, Filmemacher mit 20jähriger Hollywood-Erfahrung, erklärt in dieser »Enzyklopädie der Inszenierungs- und Erzähltechniken« (Taz), wie ein Film entsteht. »Alles mit anschaulichen Beispielen in Bildform illustriert« (Plot Point) Ein »moderner Klassiker der Filmlehrbuch-Literatur« (Die Welt). »Solides, grundlegendes Handwerkszeug zur Inspiration der Kreativen« (Film & TV Kameramann). Deutsch von Harald Utecht. 520 Seiten. Großformat 17 × 24 cm. Leinen. 29,90 €. Nummer 18501.

Daniel Arijon
Grammatik der Filmsprache
»Das unverzichtbare Handbuch für Drehbuchautoren, Regisseure, Kameraleute und Cutter. Und für ganz normale Leser« (Generalanzeiger). Mit Hilfe von über 1 500 Skizzen erläutert Filmprofi Daniel Arijon die Grundstruktur der filmischen Handlung. Er beschreibt anschaulich sämtliche Grundelemente, die die Basis für jede Form visuellen Erzählens darstellen, ganz gleich ob es sich um einen Spiel-, Zeichentrick- oder Dokumentarfilm handelt. Deutsch von Karl Heinz Siber. 708 Seiten. Fester Einband. 34 €. Nummer 18342.

Preise können sich ändern und einzelne Titel ausverkauft sein.